234 intime Fragen für Partner

AF202380

Herstellung und Verlag:
BoD - Books on Demand, Norderstedt

ISBN: 978-3-7557-8308-4

Ich habe bei diesem Buch ausschließlich, die zu stellenden Fragen formuliert, und auf den Platz zum beantworten derselben bewusst verzichtet.

Der Hintergrund ist, dass man einmal gegebene Antworten nicht mehr verändern kann, und dass ich den Sinn von so einem Buch darin sehe, dass man sich über die Beantwortung der einzelnen Fragen unterhält ,und dass ich daraus im Idealfall ein Gespräch, oder etwas viel schöneres ergibt.

Viel Spaß

Kathrin Roos

Was hat dir bei unserem ersten Treffen am besten an mir gefallen?

Was hat dich dazu erwogen, mich ein weiteres Mal zu treffen?

Kann man sich beim allerersten Treffen direkt zum Sex verabreden und sich erst danach kennen lernen?

Welche Sex-Fantasie würdest du am liebsten mit mir ausleben?

Wie stehst du zu einem Dreier? Wie sind die Geschlechter verteilt?

Wie stehst du zu Sex mit einem oder zwei anderen Pärchen?

Swingerclub oder Privatparty?

Welche Kleidung sollte dein Sexpartner mal für dich tragen?

Welche Kleidung würdest du gerne beim Sex mal tragen?

Wie stehst du zu BDSM?

Sexspiele mit Lack, Leder oder Latex?

Magst du es, wenn es beim Sex ein Machtgefälle gibt? In welcher Rolle siehst du dich dabei?

Würdest du deinen Sexpartner auch mal anderen Menschen zur Verfügung stellen?

Würdest du gerne mal einen Pornofilm mit deinem Partner drehen?

Schaust du gerne Pornos und bevorzugst du ein ganz bestimmtes Genre? Warum?

Schaust du dir Pornos an, weil du hier Dinge sehen kannst, die dich erregen, die du aber real nicht ausleben kannst? Wenn ja, welche?

Hast du eine verbotene Sex-Fantasie?

Was ist dein liebster Fetisch?

Welche Sex-Fantasie würdest du am liebsten mit mir ausleben?

Welcher Altersunterschied ist für dich noch akzeptabel?

Sex mit einer viel jüngeren Person? Wo ist deine Grenze?

Sex mit einer viel älteren Person? Wo ist deine Grenze?

Würdest du gerne eine andere sexuelle Orientierung ausleben (hetero, bi, homo oder etwas Sonstiges?)

Strippoker? Mit wem?

Wenn dein Partner einen Abend nur mit gleichgeschlechtlichen Freunden veranstaltet, würdest du dann nackt oder in frivoler Kleidung den Hausdiener geben?

Würdest du gerne mal Toilettenspiele außerhalb des Badezimmers erleben? Wo?

Hast du schon mal daran gedacht jemandem Sex als Gegenleistung für etwas anzubieten? Wenn ja, wofür?

Würdest du jemandem gerne mal real Sex als Gegenleistung für einen Dienst anzubieten?

Würdest du gerne mal jemandem, ohne zu wissen wer es ist, nackt die Türe öffnen?

An Fasching oder einem ähnlich gelagerten Fest einfach mal Sex mit einer unbekannten Person haben. Nichts reden und auch sonst nichts unternehmen um dessen Identität festzustellen?

Würdest du deinem Partner von der Arbeit aus einfach mal einmal in der Stunde versaute Fotos von dir am Arbeitsplatz schicken?

Was ist der Unterschied zwischen Sex und Geschlechtsverkehr (verschiedene Worte ↔ verschiedene Bedeutungen; ja den gibt es ;-))

Findest du dass eigene Kinder das Sexleben im Haushalt negativ beeinflussen?

Was könnten wir unternehmen, dass wir trotz der Kinder im Haushalt besonders schönen Sex erleben können?

Wie viele Sexpartner hast du pro Jahr etwa, wenn du in keiner festen Beziehung bist?

Findest du es besser monogam zu leben, oder sollte man auch andere Sexpartner haben, um den Alltag interessanter zu gestalten?

Würdest du deinem Partner erlauben, einen Sexpartner für dich auszusuchen?

Ihr seid bei euren Eltern zu Hause eingeladen. Schneller Sex, während die Eltern zu Hause sind?

Ihr ladet euch Besuch nach Hause ein. Kannst du dir vorstellen, einen Quickie mit deinem Partner zu haben, während die Gäste im Haus sind?

FKK Urlaub?

Nudistencamp?

Bist du ein Freund des klassischen Rollenverständnisses oder findest du eine moderne Lebensart besser?

Hattest du schon mal Sex mit einem deiner Lehrer, Ärzte, Nachbarn oder Vorgesetzten?

Hattest du schon mal Sex am Arbeitsplatz? Mit wem?

Hattest du schon mal Sex an einem öffentlichen Ort? Wo?

Hattest du schon mal eine heimliche Zweitbeziehung? Mit wem?

Hattest du schon mal intime Fantasien mit jemandem aus der Familie deines Partners?

Wie weit darf ein Flirt gehen, bevor es zu viel wird?

Ist küssen schon fremdgehen?

Hat dich schon mal jemand beim Sex erwischt?

Wie reagierst du, wenn jemand ungewollt in deine Wohlfühlzone eindringt?

Um zu wissen, wo die Grenze liegt, muss man sie einmal überschritten haben! Wie ist deine Meinung dazu?

Ist es in Ordnung, wenn man dem Menschen „den man gerne haben möchte" auch mal zu Nahe tritt, um seine Lust auf ihn näherzubringen?

Wie lange lässt du jemanden zappeln, bevor er dich haben darf?

Frauen mögen es meist, wenn sich ein Mann, um sie bemüht und sich erst einmal etwas Distanziert zu verhalten. Wie stehst du dazu?

Alle Menschen sind gleich! Auch beim Sex?

Hast du schon mal einen Orgasmus vorgetäuscht? Wenn ja, warum?

Woran denkst du beim Sex am liebsten?

Hast du schon mal jemandem gesagt, dass du vergeben bist, obwohl es nicht gewesen bist? Wem?

Bist du eher direkt, wenn du jemanden haben willst? Was sagst du dann?

Welches Geschenk würdest du beim ersten Date mitbringen?

Was geht beim ersten Date gar nicht?

Gang bang ja oder nein? Wenn ja, mit wie vielen?

Hast du schon mal eine falsche Handynummer herausgegeben?

Wurde dir schon mal eine falsche Nummer oder ein falscher Name genannt? Wie fühltest du dich dabei?

Was war dein schönstes Date?

Was war dein geilstes Date?

Was war dein schlimmstes Date?

Wie alt warst du beim ersten Mal?

War dein erstes Mal wohl geplant?

War dein erstes Mal schön?

Hättest du dir gewünscht, dass dein erstes Mal anders gelaufen wäre?

Ist Sex mit gleichaltrigen, deutlich jüngeren oder deutlich älteren Menschen am besten?

Hast du schon mal jemandem ein Geschenk aus Liebe gemacht, ohne dass derjenige wusste, dass es von dir kommt? Was wurde daraus?

Was war dein liebster Spitzname, den ein Partner für dich hatte?

Hast du ein Kuscheltier? Was ist es und wie heißt es?

Das war mir richtig peinlich!

Hat dich schon mal ein Familienmitglied bei der Selbstbefriedigung erwischt? Wer, wann?

Was ich dir schon immer mal sagen wollte:

Hast du schon mal „ so eine Nummer" angerufen? Wie war das?

Warst du schon richtig in einen Lehrer, Nachhilfelehrer, Nachbarn oder guten Bekannten deiner Eltern verliebt? Was wurde daraus?

Wer war deine erste Liebe? Was wurde daraus?

Warst du schon mal in einem Chat aktiv?

Hast du dich in einem Chat schon mal unter einer anderen Identität angemeldet? Welche war das?

Hast du schon mal eine Person aus dem Chat irgendwo hin bestellt und dir dann angesehen, wie sie auf dich wartet? Wer, wann, wo?

Hast du schon mal eine „versaute" Nachricht aus versehen an eine andere Person geschickt? An wen? Was passierte dann?

Wie stehst du zu Trinkspielen?

Wie stehst du zu Büchern wie „Liebes Spiel Buch", dass den Pärchen Aufgaben für den Tag stellt?

Wärst du bereit zu vereinbaren, dass wir die nächsten 7 Tage, jeden Tag etwas Besonderes füreinander tun, das kein Geld kostet?

Wie sehr liebst du mich?

Wen hast du sonst noch lieb? Und nicht flunkern

Wenn ich mal sterben sollte, wer sollte mir dann nachfolgen?

Dein liebstes Sextoy ist?

Ab wann kann man in einer Beziehung auf ein Kondom verzichten?

Geschlechtsverkehr ohne Kondom? Ja oder nein?

Welche Person hat dich bisher am meisten enttäuscht im Leben?

Das würde ich dir niemals vergeben?

Wer hat dich in deinem Leben bisher am meisten überrascht?

Ich bin der perfekte Partner für dich, weil …

Chips oder Schokolade?

Bier oder Sekt?

Ab in die Sonne oder hoch im Norden, ist es am besten?

Wer war deine erste Liebe?

Einen Seitensprung kann man verzeihen?

Der ideale Abend, morgen Abend ist …

In diesem Zimmer sollten wir den nächsten Sex haben ...

Welcher prominente Mensch dürfte sofort alles mit mir machen, was er will?

Ich denke, dass man in diesem Job, den meisten Sex hat ...

Warst du schon einmal das erste Mal von jemandem? Von wem?

Hattest du schon mal einen Sextraum von einer Person, die du absolut nicht leiden kannst?

Wollte dich ein Lehrer, Arzt oder guter Bekannter deiner Eltern schon mal verführen?

Ist es ihm oder ihr gelungen und wenn ja warum? Und wenn nein, wieso nicht?

Hattest du schon mal einen Sexunfall? Was ist passiert?

Hattest du schon mal Sex am Strand?

Hattest du schon mal Sex auf einem Berg?

Hattest du schon mal so lauten Sex, dass sich andere darüber beschwert haben?

Hast du schon mal mitbekommen, dass jemand Sex hatte, ohne dich zu bemerken?

Würdest du dich, wenn dich jemand lieb fragt, spontan nackt oder teilweise nackt zeigen?

Wie wäre es, wenn dir derjenige spontan 20 Euro dafür geben würde?

Würdest du auch eine offene Beziehung führen?

Wo siehst du Sperma am liebsten?

Was könnten wir besser machen, um uns noch näher zu sein?

Wie sollte ich reagieren, wenn du fremd gegangen wärst?

Was war der beste Sex, den wir bisher hatten? Wie könnten wir das noch besser hinbekommen?

Betrunkener Sex? Ja oder nein?

Beim Sex genüsslich eine rauchen?

Wurdest du schon einmal von jemandem betrogen? Wie war das für dich? Welche Lehren hast du daraus gezogen und was war dir Ursache?

Was müsste geschehen, damit du erwägen würdest mich zu betrügen?

Ist es dir wichtiger, dass man im Alltag gut miteinander klar kommt, oder dass es sexuell passt?

Was würdest du unternehmen, wenn du wüsstest, dass ich sexuelle Vorlieben hätte, die mir wichtig sind, du aber nicht teilst? Welche wären das?

Sollte man in der Beziehung für den Partner vor anderen Partei ergreifen, auch wenn man weiß, dass der Partner im Irrtum ist?

Sollte man dem Partner besser etwas Nettes sagen, oder die Wahrheit?

Ist es in Ordnung zu lügen, wenn man dem Partner damit schützt?

Kannst du dir vorstellen eine gewisse Zeit lang einfach nur der Lustsklave deines Partners zu sein?

Was gefällt dir an mir besser, als bei anderen?

Ist Intelligenz oder gutes Aussehen wichtiger?

An welchem Ort hättest du gerne mal Sex?

An welchen ungewöhnlichen Ort hattest du schon mal Sex? Und mit wem?

Mit welcher Person des öffentlichen Lebens hättest du gerne mal Sex und wo?

Mit wem aus deinem persönlichen Umfeld hättest du gerne mal Sex und warum?

Sex im Ehebett der Eltern?

Hättest du gerne mal Sex, obwohl du dir ziemlich sicher sein kannst, dass du dabei erwischt wird? Mit wem und wo?

Magst du reale Rollenspiele?

Könntest du dir vorstellen beim Sex mal die Geschlechterrolle zu wechseln?

Machst du es dir gerne selbst?

Hättest du gerne, dass dir jemand dabei zusieht? Wenn ja, wer und wo?

Schaust du gerne anderen dabei zu, wie sie sich selbst befriedigen?

Würdest du lieber in einen Sexshop gehen oder kaufst du lieber Online ein, damit dich niemand sieht?

Würdest du nur mit einem langen Mantel und hohen Stiefeln bekleidet, durch die Stadt laufen oder shoppen gehen?

Wie stehst du generell zu frivolem Ausgehen? Welche Kleidung bevorzugst du und an welchen Ort würdest du gerne gehen?

Gibt es etwas, was dir an mir besonders gefällt?

Was gefällt dir grundsätzlich, wenn Menschen diese Eigenschaft besitzen (Stimme, Körperbau, Behaarung)

Lebensmittel beim Sex mit einbauen? Wenn ja, welche?

An wen denkst du, wenn du beim Sex nicht an mich denkst?

Wenn ich dir einmal einen Sexwunsch erfüllen würde, welcher wäre das?

Würdest du gerne beim Sex das Geschlecht / die Geschlechterrolle wechseln?

Würdest du beim Sex gerne mal eine Maske tragen, um in eine andere Rolle schlüpfen zu können (älterer Herr, junge Dame u. s. w.)

Sollte es immer der Mann sein, der den ersten Schritt macht?

Mit wem redest du noch über dein Sexleben, außer mit deinem Partner?

Welche Stellen findest du am Körper deines Partners besonders erregend?

Welche Körperstellen erregen dich allgemein am meisten?

Ab welchem Alter sollte man deiner Meinung nach Sex haben dürfen?

Wie findest du es, wenn während des Sex Tiere mit im Raum sind?

Hattest du schon mal einen One-night-Stand, wie hat es dir gefallen und wie stehst du generell dazu?

Du und dein Partner ihr spielt ein reales Rollenspiel, das in einer Bar oder Kneipe beginnt. Wer bist du und womit wirst du den anderen verführen?

Sex in öffentlichen Verkehrsmitteln? Bus oder Bahn?

Freundschaft plus?

Würdest du es schön finden, wenn ihr in eurer Beziehung einen weiteren Menschen nur für sexuelle Freuden hättet? Hausfreund oder Hausfreundin?

Hast du schon mal ein tolles Sexerlebnis mit jemandem gehabt, das wir beide noch nicht erlebt haben?

Was ist dein bisher heißestes Sexerlebnis?

Mit wie vielen Leuten hattest du bisher Sex?

Hast du es schon mal hinterher bereut, mit jemandem Sex gehabt zu haben?

Warum hast du es bereut?

Magst du es, wenn du beim Sex leiden musst?

Hattest du schon mal eine Fantasie in der du Sex gegen deinen Willen hattest?

Was ist deiner Meinung nach, deine krankeste Sexfantasie?

Was ist deine schönste Sexfantasie?

Wie findest du dirty talk beim Sex oder als Vorspiel?

Was hältst du von klassischen Rollenspielen, wie Lehrer-Schüler, Polizist-Verbrecher, Pfarrer-Nonne u. s. w.?

Magst du lieber Engel oder Teufel?

Du hast 3 Wünsche frei, die ich dir nicht ablehnen darf. Welche?

Würdest du gerne mit anderen Leuten offen und ehrlich über unsere Sexspiele reden? Mit wem?

Wenn diese Leute darauf abfahren würden, würdest du dir auch ihre Erlebnisse anhören?

Würden wir mit diesen Leuten auch real Sex haben?

Sex im Wohnmobil oder Wohnwagen auf dem Parkplatz eines Supermarktes?

Sex im Wohnmobil oder Wohnwagen auf einer Raststätte oder am Straßenrand?

Machen dich Menschen in Uniformen an? Wenn ja, welche?

Sex mit einer unbekannten Person? Wo?

Sex gegen Taschengeld?

Hast du dich schon mal für Sex bezahlen lassen? Wie viel hast du bekommen? Was hast du gemacht?

Welche Tabus darf man beim Sex mit dir niemals brechen?

Welche deiner Tabus sind verhandelbar?

Würde es dich reizen, dich mal für Sex bezahlen zu lassen? Wie sollte das Szenario sein?

Würdest du für deinen Partner einen Striptease hinlegen?

Würde es dich erregen von deinem Partner einen Striptease zu bekommen?

Bist du mit deiner derzeitigen Rolle beim Sex zufrieden, oder würdest du lieber mal etwas anderes probieren?

Welche 3 Ideen hättest du spontan, um eurem Liebesleben etwas mehr Würze zu verleihen?

Hast du deinen Partner schon einmal mit Absicht Eifersüchtig gemacht, um zu sehen, wie dieser reagiert?

Wie weit würdest du gehen, um deinen Partner eifersüchtig zu machen?

Findest du es besser, wenn dein Partner eifersüchtig reagiert, oder sollte er sich seiner Sache so sicher sein, dass er ganz cool bleibt?

Würdest du, weil dein Partner es erregend findet, auch mal für mehrere Tage oder gar Wochen auf einen sexuellen Höhepunkt verzichten?

Wie heißen deine erogenen Zonen?

Was ist dein peinlichstes Sexerlebnis?

Hast du schon mal einen Partner betrogen?

Bedeutet etwas nicht von sich aus zu erzählen, automatisch, dass man lügt?

Hast du mir etwas zu sagen?

Hast du schon mal jemanden für Sex bezahlt? Wenn ja wofür und wen?

Hast du schon mal einem guten Bekannten den Partner ausgespannt oder hattest mit ihm Sex, während sie noch fest liiert gewesen sind?

Hast du einen Menschen schon mal belogen, um Sex mit ihm zu haben?

In der Liebe ist alles erlaubt! Auch Lügen?

Was erzählst du über dich, wenn du jemanden beeindrucken möchtest?

Hast du im Laufe der Zeit schon mal sexuelle Dinge getan und Gefallen daran gefunden, von denen du dachtest, dass du sie niemals machen würdest?

Was hast du von mir beim Sex gelernt?

Hat dich schon mal jemand von einer sexuellen Sache überzeugt, von der du dachtest, dass du sie niemals machen würdest?

Hattest du Sex schon mal als Wetteinsatz verwendet?

Hast du schon mal ungefragt freizügige Bilder von dir verschickt? An wen?

Hat dir schon mal jemand ungefragt ein freizügiges Bild von sich geschickt? Wer?

Musstest du schon mal mit Sex aufhören, weil etwas aus dir heraus musste?

Wenn man merkt, dass die Liebe verflogen ist, sollte man dann versuchen sie wieder zu beleben, oder einen Schlussstrich ziehen?

Gibt es ewige Liebe oder holt einen der Alltags zwangsläufig irgendwann mal ein?

Wer war mal in dich verliebt, von dem du es nie erwartet hättest?

Was ist die böseste Abfuhr gewesen, die du je erhalten hast?

Ich kann mir vorstellen, dass wir zusammen alt werden, weil ...

Was ist dein liebstes Kleidungsstück um anderen zu imponieren?

Was macht dich aus?

Meine größte Schwäche ist ...?

Mindfuck. Geil oder eher nicht?

Darf man in der Beziehung Geheimnisse voreinander haben? Wenn ja, welche Bereiche umfasst das und welche nicht?

Sex ist morgens besser, oder abends?

Magst du lieber eine harte Nummer oder eine zarte?

Sollten wir hin und wieder auch mal Telefonsex haben und dabei so richtig abgehen?

Ist es dir lieber, wenn ich beim Sex den Anfang mache, oder willst du ihn lieber machen?

Welches Sexperiment sollten wir mal starten?

Wir sind auf eine Party eingeladen. Dort sind wir übertrieben von einander angetan. Eher eine erregende oder abturnende Vorstellung für dich?